김병완의 결정책 시리즈 10부작 제3권

결정적 순간의 책읽기

인생의 결정적인 순간에 위기 대처 능력을 향상시켜 주는 책(冊) 읽기

김병완

플랫폼연구소

< 김병완의 결정책 시리즈 10부작 제3권 >

김병완의 결정적 순간의 책(冊) 읽기_3권
세상에 지쳤을 때 _ 세상이 미쳐 돌아갈 때 해
법을 찾고 싶을 때

인생의 결정적인 순간에 위기 대처 능력을 향상시켜 주는 책(冊) 읽기

" 책이 없는 궁전에 사는 것보다 책이 있는
마구간에 사는 것이 낫다."

_ 서양 격언.

프롤로그_ 책은 인생을 밝혀주는 등불이다.

‘ 책을 잘 읽고 산다는 것은, 경이로운 세상에 눈을 뜨고 매일매일 세상과 나 자신의 잠재력에 대해 새로운 것들을 배우며 정신적으로 한 차원 높은 삶을 살아가는 것이다.’

<전략적 책읽기>의 저자 스티브 레빈의 이 말처럼 책을 잘 읽고 산다는 것은 자신의 한계를 훌쩍 뛰어넘어 한 차원 높은 삶을 살아가는 것이라고 말할 수 있다. 그런 점에서 책읽기는

기적을 창출해 내는 기적 그 자체이다.

책이 아니라면 우리는 과거에 살았던 수많은 현인의 지혜와 통찰력에 대해 알 수 없었을 것이고, 생각의 재료가 되는 지식을 축적하지도 못했을 것이며 생각의 계기가 되어 주는 역사와 이야기를 많이 접하지도 못했을 것이다.

부침이 많은 것이 바로 우리의 인생이다. 이러한 인생을 살아 나가다 보면 때로는 억장이 무너질 만큼 아프고 당황스럽고 어찌해야 할 바 몰라 발만 동동 구르면서도 아무것도 할 수도 없었고, 무엇을 어떻게 해야 하는지도 몰라서 더 힘들었던 시기를 경험하게 된다.

이 책은 바로 이러한 절체절명 위기의 순간 혹은 인생에 찾아오는 결정적인 순간에 꼭 읽어봐야만 하는 책들에 관한 이야기이다. 만약에 그 위기의 순간 혹은 결정적인 순간에 이 책을 읽었었더라면 좀 더 지혜롭고 의연하게 잘 대처해

나갔을 것이고, 그러한 조금의 차이는 긴 인생을 살면서 모이고 쌓여서 인생의 성공과 실패를 결정짓게 되는 중요한 차이가 되어 우리에게 보상해 줄 것이다.

그런 점에서 책을 읽으면서 살아가는 사람들과 책과 동떨어져서 살아가는 사람의 삶은 보이지 않는 큰 간격이 생길 수밖에 없는 것이다.

중요한 사실은 인류가 가진 부의 대부분을 소유하고 운용하고 있는 사람들은 후자가 아니라 전자들이며, 새로운 부를 창출해 내는 사람들도 또한 바로 그들이라는 점은 우리에게 책은 선택이 아니라 인생을 제대로 잘 살아가기 위해서는 꼭 필요한 필수 조건이라는 사실을 잘 보여주는 사례일 것이다.

위대한 발명가, 위대한 정치인, 위대한 대왕, 위대한 혁명가, 위대한 경영자, 위대한 방송인, 위대한 학자와 같은 위대한 인물 중에 책을 읽지 않은 인물들이 과연 있을까?

그렇다고 위대한 인물이 되기 위해서 책을 읽어야 한다고 말하는 것은 아니다.

이 책의 존재 목적은 버트런드 러셀이 한 말에 토대를 두고 있다.

" 내게 좋은 책을 알려주는 사람이 있었다면, 이렇게 오랜 시간에 걸쳐 시행착오를 하지 않았을 텐데 ...."

바로 이것이다. 당신에게 그것도 결정적 순간에 당신이 오랜 시간에 걸쳐 시행착오를 하지 않을 수 있도록 좋은 책을 알려 주는 것이다. 이것이 바로 이 책의 목적이다. 그렇기 때문에 이 책은 처음부터 끝까지 순서대로 읽어야 하는 그런 책이 아니다.

자신의 인생이 현재 직면하고 있는 상황에 맞추

어 필요한 부분을 읽어서 자신이 처한 결정적 순간에 읽었을 때 가장 유익하고 도움이 되는 그런 좋은 책에 대해 알게 해 주는 그런 책이다.

책이 책을 읽는다는 말이 있듯이, 이 책은 또 다른 책을 읽게 만드는 그런 책의 구실을 톡톡하게 해 낼 것이라고 믿는다.

책을 읽는다는 것은 인간만이 누릴 수 있는 특권이며 사치 중 사치라고 할 수 있다. 당신은 이러한 사치와 특권을 누릴 자격이 있다. 과거 중세 시대에는 최고의 특권층만이 책에 접근할 수 있었다는 사실을 생각해 보면, 지금 이 시대에 살고 있는 것만으로도 우리는 행복한 사람임에 틀림없다.

'좋은 책을 읽는 것은 지난 몇 세기에 걸쳐 가장 훌륭한 사람들과 대화하는 것과 같다.' 라고 말한 데카르트는 책의 위력과 유익함을 너무나 잘 알고 있었던 현인 중 한 명이었다. 당신도 이제 지난 몇 세기에 걸쳐 가장 훌륭한 사람들과 더 많은 대화를 나누는 그런 기회를 지금까지보다 더 많이 가져 보기를 바란다.

책은 인류가 힘겹게 오랜 시간 걸어오면서 쌓아 올린 사색의 결정체이며 인생을 밝혀주는 등불이다. 책은 궁지에 몰린 이에게는 새로운 돌파구를 발견할 수 있게 해 주는 돌파구이며, 어떤 시련과 역경도 헤쳐 나갈 수 있게 해 주는 원동력이다.

책은 비탄에 빠진 사람에게는 위안이 되며, 절망한 사람들에게는 용기가 되며, 방황하는 이들에게는 인생의 나침반이 되어 주며, 세상에 지친 이들에게는 오아시스가 되어 주며, 가난한 이들에게는 부자가 되는 길을 제시해 주고, 실패한 이들에게는 성공할 수 있는 길을 제시해 준다.

이런 이유와 근거를 토대로 필자는 장담할 수

있다.

“ 이 세상에서 책을 읽는다는 것은 최고의 특권이며, 사치이며, 축복이다. ”

목차

_ 제러미 리프킨

준비된 자만이 선택의 자유를 누릴 수 있다. < 초이스 >

_ 엘리 골드랫 외

행복한 사람은 행복을 좇지 않는다.

< 모나리자 미소의 법칙 >

_ 에드 디너 외

에필로그 _ 책은 삶의 특권이며 최고의 사치이며 향락이다.

“ 내가 세계를 알게 된 것은 책에 의해서였
다.”

_ 장 폴 사르트르

제3장. 세상에 지쳤을 때 _ 세상이 미쳐 돌아갈 때 해법을 찾고 싶을 때

" 행복하게 지내려면 삶과 세상을 향해 긍정적인 태도를 갖고, 새로운 활동에 지속적으로 참여하는 것이 필요하다. 의미와 가치, 지원해주는 사회적 관계, 보람 있는 일로 충만한 삶이 행복한 삶을 이루는 틀이다. 그런 틀 안에서 행복에 이르는 과정은 긍정적인 태도와 사랑, 감사 등의 영적인 감정과 물질적인 넉넉함을 필요로 한다." < [모나리자 미소의 법칙] 357쪽 >

“ 수확 체감에 만족하는 배경에는 우리가 상황을 ‘잘 알고 있다’ 라는 믿음이 존재한다. 따라서 아빠의 말씀대로 성과의 비약적 도약이 항상 가능하다면, ‘잘 알고 있다’ 는 인식이 비약적 도약을 찾아내려는 우리의 노력을 가로막는 것으로 보인다. 만약 아빠가 옳다면 ‘우리가 안다’ 는 인식은 명확하게 생각하는 걸 방해하는 분명한 걸림돌이다.

중요한 것은 ‘우리는 다 안다’ 라고 하는 상황에서도 상당한 개선을 이룰 수 있다는 점이다. 이것의 진짜 의미는 의미 있는 성공을 이루기 위한 기회는 우리가 지금까지 기대했던 것보다 훨씬 더 많다는 것이다. “ < [초이스], 엘리 골드랫 외, 195쪽 >

" 책이 없는 궁전에 사는 것보다 책이 있는 마구간에 사는 것이 낫다."

_ 서양 격언.

사랑하며 진리를 추구하며 인류를 생각하라.

< 러셀 자서전 (상) (하) >

_버트런드 러셀

" 단순하지만 누를 길 없이 강렬한 세 가지 열정이 내 인생을 지배해왔으니, 사랑에 대한 갈망, 지식에 대한 탐구욕, 인류의 고통에 대한 참기 힘든 연민이 바로 그것이다. 이러한 열정들이 마치 거센 바람과도 같이 나를 이리저리 제멋대로 몰고 다니며 깊은 고뇌의 대양 위로, 절망의 벼랑 끝으로 떠돌게 했다" <서문에서>

20세기 지성사를 꿰뚫는 가장 감동적인 자서전이라고 평가받는 이 책은 우리에게 세상이 미쳐 돌아갈 때 어떻게 살아야 할 것인가에 대한 해법을 찾기에 충분한 실마리를 제공하는 책이다.

‘거짓과 더불어 제정신으로 사느니, 진실과 더불어 미치는 쪽을 택하고 싶다.’ 고 말한 러셀의 도전 정신은 우리에게 시사해 주는 것이 적지 않다.

“나는 석양이 대지를 붉게 물들이고 구름을 금빛으로 바꾸는 것을 지켜보았다. 바람 소리에 귀 기울였고 번갯불에 좋아 날뛰기도 했다. 유년기를 거치면서 외로움도 커져갔고, 더불어 대화할 수 있는 사람을 행여 만나려나 기대하다 절망하는 일도 많아졌다. 완전히 실의에 빠진 나를 구해 준 것은 자연과 책과 좀 더 나중에는 수학이었다.” < 제 1 부에서 >

이 책은 서구의 사상, 지식, 과학의 보고와도 같은 책이라는 찬사를 받을 만큼 러셀의 모든 지성과 능력이 압축되어 있는 책이라고 할 수 있다. 그는 한 마디로 비범하고 탁월한 인물이었다. 그는 하루에 거의 고칠 필요가 없는 3,000단어 분량의 글을 썼다고 한다. 또한 그는 20세기 지식인 가운데 가장 다양한 분야에서 지속적으로 영향을 미친 사람으로, 철학, 수학, 과학, 역사, 교육, 윤리학, 사회학, 정치학 분야에서 40권 이상의 책을 쉬지 않고 출간한 왕성한 지식욕을 가진 사람이다.

또한 이 책은 그러한 세계적인 지성인의 삶이 그대로 담겨 있는 자서전이다. 자서전답게 이 책을 보면 그의 일생 모습을 엿볼 수 있다. 그는 어린 시절을 통틀어 하루 중 가장 중요한 시간은 정원에서 혼자 보내는 시간이었으며 따라서 자기 존재의 가장 강렬한 부분은 항시 고독했다고 서술한다. 하지만 그의 유년기는 대체로 행복하고 수월했으며, 주위의 어른들 대부분에게

애정을 느꼈다고 한다. 하지만 청년기는 대단히 외롭고 불행한 시기였다고 술회한다.

그가 자서전의 프롤로그에서 가장 먼저 밝혔듯이 그는 단순하지만 누를 길 없이 강렬한 세 가지 열정이 자신의 인생을 지배해왔다고 말했다.

" 단순하지만 누를 길 없이 강렬한 세 가지 열정이 내 인생을 지배해왔으니, 사랑에 대한 갈망, 지식에 대한 탐구욕, 인류의 고통에 대한 참기 힘든 연민이 바로 그것이다. 이러한 열정들이 마치 거센 바람과도 같이 나를 이리저리 제멋대로 몰고 다니며 깊은 고뇌의 대양 위로, 절망의 벼랑 끝으로 떠돌게 했다.

나는 사랑을 찾아 헤매었다. 그 첫째 이유는 사랑이 희열을 가져오기 때문이다. 얼마나 대단한지 그 기쁨의 몇 시간을 위해서라면 여생을 모두 바쳐도 좋으리라 종종 생각한다. 두 번째 이유는 사랑이 외로움-이 세상 언저리에서, 저 깊고 깊은 차가운 무생명의 심연을 들여다보며

몸서리치도록 만드는 그 지독한 외로움-을 덜어주기 때문이다. 마지막으로 성인들과 시인들이 그려온 천국의 모습이 사랑의 결합 속에 있음을, 그것도 신비롭게 축소된 형태로 존재함을 발견할 수 있었기 때문이다. 이것이 내가 추구한 것이며, 비록 인간의 삶에서 찾기엔 너무 훌륭한 것인지도 모르지만 어쨌거나 나는 결국 그것을 찾아냈다." <서문에서>

그의 삶은 이 세 가지를 위해 살아온 삶이라고 말할 수 있을 것이다. 그 중에서도 지식에 대한 추구는 그로 하여금 20세기의 지성인으로 만들어 놓았던 것이다. 우리는 그에게서 배워야 하는 최고의 삶의 자세로 지식에 대한 탐구여야 할 것이다. 무지는 우리를 올바른 길로 인도해 줄 수 없기 때문이다. 그가 얼마나 지식에 대한 열정이 뜨거웠는지 그의 말을 들어 보자.

" 내가 똑같은 열정으로 추구한 또 하나는 지식이었다. 나는 사람들의 마음을 알아보고 싶었다. 하늘의 별이 왜 반짝이는지 알고 싶었다. 그리고 삼라만상의 유전 너머에서 수들이 힘을 발휘한다고 설파한 피타고라스를 이해해 보고자 했다. 그리하여 나는 많지는 않으나 약간의 지식을 얻게 되었다.” < 서문에서 >

지식의 추구와 함께 그는 탐욕이 부른 참상이 난무하는 세상에서 자신의 역할이 무엇인지 끊임없이 고민했던 사회 운동가였다. 그리고 그가 그렇게 하도록 이끈 원인은 인류의 고통에 대한 참기 힘든 연민이었다고 그는 밝혔다. 인류의 자연스러운 진보를 가로막는 권위, 우상 숭배, 인습 에 그는 저항했고, 폭로했다. 그로 인해 그의 삶은 놀라우리만치 많은 굴곡으로 점철되었다. 그의 일생을 거쳐 간 수많은 일화들이 이 책에는 선명하게 회고 되어 있다.

“ 사랑과 지식은 나름대로의 범위에서 천국으로 가는 길로 이끌어 주었다. 그러나 늘 연민이 날 지상으로 되돌아오게 했다. 고통스러운 절규의 메아리들이 내 가슴을 울렸다. 굶주리는 아이들, 압제자에게 핍박받는 희생자들, 자식들에게 미운 짐이 되어버린 의지할 데 없는 노인들, 외로움과 궁핍과 고통 가득한 이 세계 전체가 인간의 삶이 지향해야 할 바를 비웃고 있다. 고통이 덜어지기를 갈망하지만 그렇게 하지 못해 나 역시 고통받고 있다.

이것이 내 삶이었다. 하지만 나는 그것이 살 만한 가치가 있다는 것을 알았으므로, 만일 기회가 주어진다면 기꺼이 다시 살아볼 것이다. "
< 14쪽 >

러셀은 자신의 소년기 이후 삶의 진지한 부분은 서로 다른 두 개의 목적에 바쳐졌다고 술회한다. 그 둘은 오랜 세월 따로 존재하다가 말년에 가서 비로소 하나로 통합되었다고 말한다. 첫 번째 목적은 인간이 과연 어떤 것을 이해할 수 있는지 없는지를 파헤쳐 보고 싶다는 것이고, 두 번째 목적은 좀 더 행복한 세상을 만들기 위해 할 수 있는 모든 일을 하고 싶다는 것이었

다. 그는 38세 까지는 첫 번째 목적을 달성하기 위해 모든 정력을 바쳤다고 말한다.

우리도 알다시피 그의 인생의 후반기는 인류 역사상 가장 힘든 시기에 속한다. 그는 그 어떤 지성보다도 더 인류의 행복한 삶을 고민했다. 그리고 부조리한 사회문제를 비판하는 글을 통해 대중에게 행동할 것을 호소했고, 더 나은 삶을 향해 나아가라고 말했다.

“ 나는 개인적으로나 사회적으로나 비전을 좇아 살아왔다. 개인적으로는 고귀한 것, 아름다운 것, 온화한 것을 좋아했고, 더욱더 세속화된 시대에 지혜를 줄 수 있는 통찰의 순간들을 두고자 했다. 사회적으로는, 개인들이 거리낌 없이 성장하는 사회, 증오와 탐욕과 질시가 자랄 토양이 없어 죽어버린 사회의 탄생을 그렸다. 이런 것들이 내가 믿는 것이며, 비록 끔찍한 것들로 가득한 세상이지만 세상이 나를 흔들리지 못하게 만들었다.” < 563쪽 >

그가 살았던 세상은 지금보다 훨씬 더 미쳐 돌아갔던 세상이었다. 하지만 그는 세상에 지치기보다는 오히려 세상을 좀 더 행복한 세상으로 만들기 위해 할 수 있는 모든 일을 하고자 했다. 세상에 지친 독자들에게 이 책을 추천하는 이유가 바로 여기에 있다고 할 수 있다.

“ 인간이 자연에게서 거저 얻지 않고,
스스로의 정신으로 만들어 낸 수많은
세계 중에 가장 위대한 것은 冊의
세계다. “

– 헤르만 헤세 –

국민이기 이전에 우리는 모두 인간이어야 한다.

< 시민의 불복종 >

_ 헨리 데이비드 소로우

" 우리는 먼저 인간이어야 하고, 그 다음에 국민이어야 한다고 나는 생각한다. 법에 대한 존경심보다는 먼저 정의에 대한 존경심을 기르는 것이 바람직하다. 내가 떠맡을 권리가 있는 나의 유일한 책무는, 어떤 때이고 간에 내가 옳다고 생각하는 일을 행하는 일이다." < 13쪽 >

우리는 지금까지 강요받는 것을 숙명처럼 여기면서 살았다. 아니 강요라고 까지 생각하지 않더라도 우리는 모두 정부의 통치를 받고 있다. 그리고 그러한 것들에 너무나 익숙해졌기 때문에 그것을 강요라고 느끼지 못 하는 것인지도 모른다. 그러한 것들 중에 대표적인 것이 바로 세금 납부이다.

이 책의 저자는 세금 납부를 거절하여 수감되기도 했다. 이 사건을 통해 그는 과연 개인의 참된 자유는 어떤 것이며, 국가 권력은 어디 까지 개인의 자유를 통제해야 하는 것인가에 대해 깊이 성찰하였다. 그리고 그 성찰의 결과물이 바로 이 책인 것이다.

당신은 얼마나 개인의 자유에 대해 깊은 성찰을 하고 살아가고 있는 가? 특히 그것과 국가의 권력 사이의 관계와 의미에 대해서는 어떠한가? 그리고 무엇보다 필자가 제시하는 성찰의 주제는 우리가 살고 있는 이 사회와 정부의 역할이 정상적인가 하는 문제이다.

정부의 역할이 정상이라면 이 책의 저자의 생각과 반응은 비정상이어야 한다. 반대로 이 책의 저자가 정상이라면, 정부의 역할은 비정상인 것이 확실하다. 이 책의 저자는 말한다. '가장 좋은 정부는 가장 적게 다스리는 정부' 라고 말이다. 여기서 좀 더 나아간다면 가장 좋은 정부는 결국 아무것도 관여하지 않고, 간섭하지 않고, 통제하지 않는 정부이다.

그래서 이 책의 저자인 소로우는 정부는 하나의 편법에 지나지 않는 것이며, 대부분의 정부가 거의 언제나 불편한 존재이며, 모든 정부는 때로는 불편한 존재라고 첫머리에서 말한다. 그러나 그는 무정부주의자들이 지금 당장 정부를 폐지할 것을 요구하는 것과 달리 정부를 보다 나은 상태로 발전시켜 달라고 요구한다.

그리고 그가 동시에 주장하는 것으로, 보다 나

은 정부를 얻을 수 있는 길이라고 그가 제시하는 것은 각 사람들이 자신의 존경을 받을 만한 정부가 어떤 것인지를 분명하게 밝히는 것이다.

그가 말하고자 하는 핵심은 우리는 먼저 인간이어야 하고, 그 다음에 국민이어야 한다는 것이다. 법에 대한 준수보다 정의가 우선되어야 한다고 그는 생각한다. 또한 그는 자신이 떠맡을 권리가 있는 자신의 유일한 책무는, 어떤 때이고 간에 자신이 옳다고 생각하는 일을 행하는 일이라고 생각한다.

그는 또한 법에 대해 질타한다. 법에 대한 존경심 때문에 선량한 사람들조차도 매일매일 불의의 하수인이 되고 있다고 한다. 이것은 지금 미국이 소송이 남발하는 것과 한국도 그것을 따라가고 있는 것을 볼 때 옳은 말이다. 어떤 분쟁이 발생했을 때, 법이 없다고 생각하면 최소한 양심을 지켜서 너무 큰 피해를 상대방에게 떠넘기지 않는 다.

자신이 손해를 보더라도 최소한 불의의 하수인이 되지는 않는 다. 하지만 법을 잘못 이용하게 되면, 큰 잘못이 없는 선량한 이들에게 큰돈을 받아 낼 수 있고, 그로 인해 생활이 힘든 서민인 상대방은 경제적으로 큰 타격을 입게 된다. 그 사람들이 실제로 그렇게 큰 잘못을 저지른 것이 없다 하더라도 법에 대한 무지와 사회 시스템에 대한 무지로 인해 발생한 일 때문에 너무나 비싼 대가를 치르게 된다.

그리고 그렇게 만든 것은 법에 대한 존경심인 것이다. 법은 인간을 인간답게 만들어 주지 않는 다. 법은 인간을 사회적 동물로 만들어 줄 뿐이다. 이것은 필자의 개인적인 생각이다. 이 책의 저자는 19세기에 살았지만 21세기적인 의식을 가지고 살았던 사람이라는 사실을 이런 부분을 통해서도 깨닫게 해 준다.

이 책의 저자는 이러한 사례를 군인, 특히 해

병 한 사람을 살펴봄으로써 인간으로서가 아니라 정부의 기계로서 국가에 봉사하고 있는 존재의 모습을 잘 이해할 수 있을 것이라고 말한다. 해병뿐만 아니라 상비군, 예비군, 간수, 경찰관, 민병대 등은 대부분의 경우 판단력이나 도덕 감각을 자율적으로 사용하는 일이 전혀 없으며, 오히려 그들 스스로가 자신을 나무나 흙이나 돌과 같은 위치에 놓아버린다고 말한다.

크게 볼 때, 우리가 먼저 국민이 되면, 우리는 정부를 위해 일하고, 세금을 내고, 그러한 정부의 통제와 감시를 받는 하나의 정부의 구성원, 조금 더 심하게 말하면 정부의 기계가 되는 것이라고 그는 말하고 있다.

누군가의 소유물이 되고, 무엇인가의 도구가 되기에는 우리 모두는 너무나 고귀하게 태어난 존재라고 그는 말하면서, 셰익스피어의 희곡 <존 왕(King John)> 5막 2장을 인용한다.

“ 누구의 소유물이 되기에는,
누구의 제2인자가 되기에는,
또 세계의 어느 왕국의 쓸 만한
하인이나 도구가 되기에는
나는 너무나도 고귀하게 태어났다. “

그는 그 당시 자신이 속한 정부였던 미국 정부와 관계를 가질 때는 수치감 없이는 그것이 불가능하다고 말한다. 그래서 그는 노예의 정부이기도 한 그 정부를 자신의 정부라고는 단 한 순간도 인정할 수 없었다고 한다.

그래서 그는 정부가 가지고 있는 불의의 법들에 대해 저항하고자 하는 것이다. 그가 말하고자 하는 핵심이 담긴, 필자가 개인적으로 이 책의 백미라고 생각하는 대목이 바로 이 부분이다. 좀 더 생생한 현장감을 위해 인용을 해 보겠다.

“ 사람들은 일반적으로, 지금과 같은 정부 밑

에서는 다수를 설득시켜 법을 개정시킬 수 있을 때까지는 기다려야 한다고 생각한다. 그들은 만약 저항한다면 치료가 병보다 더 나쁠 것이라고 생각한다.

그러나 치료가 병보다 더 나쁜 것은 정부의 잘못이다. 정부가 치료를 더 나쁜 것으로 만드는 것이다. 왜 정부는 좀 더 앞을 내다보고 개혁에 대한 준비를 하지 않는가? 왜 정부는 현명한 소수를 소중히 여기지 않는가? 왜 정부는 상처도 입기도 전에 야단법석을 떨며 막으려 드는가? 왜 정부는 시민들로 하여금 방심하지 않고 항상 정부의 잘못을 지적하며, 정부가 기대하는 이상으로 시민들이 잘하도록 격려하지 않는가? 왜 정부는 항상 예수를 십자가에 매달며, 코페르니쿠스와 루터를 파문하고, 조지 워싱턴과 프랭클린을 '반역자'라 부르는가? " < 27쪽 >

그렇다. 그에게 있어서, 아니 그의 생각에 있어서는 모든 것의 잘못의 원인은 정부라고 할 수 있는 것이다. 그래서 사람 하나라도 부당하게 가두는 정부 밑에서 의로운 사람이 있을 곳은 감옥이며, 노예의 나라에서 자유인이 명예롭게 기거할 수 있는 유일한 집도 바로 감옥인 것이라고 그는 말한다.

그는 일부 소수의 사람들이 국가에 대해 초연하며 국가에 대해 참견하지도 않고 국가의 간섭을 받지 않고 살더라도 이웃과 공포에 대한 의무를 다하는 한 그들이 국가의 안녕을 해치는 자들이라고 생각하지는 않는 그런 국가는 마침내 모든 사람을 공정하게 대하고, 개인을 이웃으로 존경할 수 있는 국가라고 생각한다. 그러한 국가를 상상하는 즐거움을 가져 보면서 그는 그런 국가가 탄생하도록 길을 열어 주겠노라고 말한다.

이 세상은 정말로 그가 살았던 시대의 그 정부보다 더 우리에게 무엇인가를 강요하지는 않는다. 하지만 이 세상은 알게 모르게, 그리고 소로우의 그 정부보다 더 많은 것들을 강요하고 있다. 학벌. 재산, 권력, 인기, 어느 정도의 인간관계, 어느 정도의 성품, 어느 정도의 성실과 근면, 건강....... 하지만 이런 것들을 강요하는 주체가 정부에서 세상으로 좀 더 확장된 것이라고 보여 진다.

하지만 우리는 이 세상이 미쳐 돌아가고 있다는 것도 알고 있다. 그렇기 때문에 우리는 소로우가 했던 대로, 자기 방식대로 숨을 쉬고, 자기 방식대로 살아갈 필요가 있다. 누군가에게 강요받기 위해 우리는 이 세상에 태어난 것이 아니기 때문이다. 우리는 국민이나 사회 구성원이기 이전에 하나의 인간이어야 하기 때문이다.

우리가 세상에 지쳤다면, 그것은 사회 구성원으로 먼저 살아가고자 노력했기 때문일 것이다. 사회 구성원이기 이전에, 어떤 조직의 조직원이기 이전에, 우리는 인간이어야 한다는 사실을 명심하자. 인간은 전부다 다르고, 고유한 존재이다. 그러므로 살아가는 방식, 숨 쉬는 방식이 전부 달라야 하는 것이 정상이다.

그렇기 때문에 우리가 세상에 덜 지치고, 힘을 얻고, 잘 살아가기 위해서는 남과 다르게 살아야 하는 것이 최선의 길인 것이다. 자신의 삶이 너무 남과 같다면 그것이 더 큰 문제이며, 비정상일 수 있다는 사실을 고려해야 할 것이다.

“ 당신에게 가장 필요한 책은 당신으로 하여금 가장 많이 생각하게 하는 책이다.”

_ 마크 트웨인.

인류사는 공감의 역사이며

엔트로피의 역사이다.

< 공감의 시대 >

_ 제러미 리프킨

" 생물학과 인지과학 분야에서는 이미 인간 본성에 관한 획기적이고 새로운 견해가 나타나 학계와 경제계와 정계에 논쟁을 불러일으키고 있다. 두뇌과학과 아동발달학 분야에서 새로운 사실들이 발견되면서 인간이 본래 공격적이고 물질적이고 실리적이고 이기적이라는 오래된 믿음은 도마 위에 오를 수밖에 없게 되었다. 오히려 인간이 근본적으로 공감하는 종種이라는 새삼스러운 깨달음이 영향력을 넓혀 가는 추세이다." < 서문에서 >

800페이지가 넘는 이 두꺼운 책, 조금은 무거워 보일 수 있는 이 책의 시작은 프랑스 플랑드르 지방에서 1차 세계 대전이 한창이었던 1914년 크리스마스이브에 있었던 실로 감동적인 이야기이다. 급조한 참호 속에서 양측이 30미터에서 50미터도 채 떨어지지 않은, 엎어지면 코 닿을 거리를 두고 대치하고 있었다. 상황은 참혹했다. 살을 에는 겨울 추위는 뼛속까지 파고들었고, 참호 속은 물로 흥건했다. 숙소라고 할 것도 없는 곳에는 쥐와 해충이 우글거렸다. 화장실도 턱 없이 부족하여 곳곳에서는 변 냄새가 진동했다. 임시로 만든 시설의 오물과 진창을 피해 병사들은 선 채로 잠을 잤다. 죽은 병사는 양 진영 사이에 있는 무인지대에 버려졌고, 시체는 매장할 수 없어서 아직 살아 있는 동료들이 빤히 지켜보는 가운데 썩어 갔다

이러한 상황에서 정말로 희한한 일이 벌어진 것이다. 독일군 병사들이 크리스마스트리 수천 개에 촛불을 붙이기 시작했던 것이다. 위문용으

로 보내진 자그마한 트리를 밝힌 병사들은 캐럴을 부르기 시작했다. [고요한 밤]을 시작으로 여러 곡이 이어졌고, 영국군들은 넋을 잃고 바라보았다. 그러다가 자신도 모르게 캐럴을 부르며 적에게 화답이라도 하는 듯 했다. 조금 전까지만 해도 총부리를 겨누며 서로 죽이려 했던 그들 사이에 놀라운 일이 벌어진 것이다.

더 놀라운 일은 그 때부터 시작되었다. 서로 대치하고 있던 양쪽의 참호 속에서 몇 명의 병사들이 총을 버리고, 무인지대를 가로질러 서로를 향해 걷기 시작했던 것이다. 그러자 수백 명이 뒤를 따랐고 곧이어 수천 명의 병사들이 참호 밖으로 쏟아져 나왔다. 그들은 서로 악수를 나누고, 담배와 비스킷을 건넸으며, 가족사진을 꺼내 보여 주었다. 소로 고향 이야기를 하며 지나간 크리스마스 추억을 나누었고, 이 터무니없는 전쟁을 키득거리며 비웃었다.

다음 날 아침, 날이 밝아 왔다. 이제는 수만 명

이 넘는 병사들이 조용히 이야기를 나누었고, 축구 시합도 벌였고, 서로 도와 가며 죽은 동료들을 묻어 주었다. 물론 꿈같았던 병사들이 스스로 만들어낸 임시 휴전은 자신의 이익만을 생각하는 장군들 때문에 갑작스럽게 끝나 버렸지만 우리는 이 사건을 통해 '인간의 삶은 고독하고 볼품없고 야비하고 잔인하다' 는 영국 철학자 토머스 홉스의 말에 대해 이견을 제시할 수 있게 되었을 뿐만 아니라, 시대와 사상을 초월하여 인류를 움직인 것은 이기심이나 탐욕이나 성욕이 아니라 공감하는 능력일 수 있다는 새로운 생각을 할 수 있게 되었다.

" 플랑드르의 병사들이 보여 준 것은 보다 심오한 인간적 감정이었다. 그리고 그것은 인간의 실존적 상황에서 드러난 감정으로, 시대와 사상을 초월하는 것이었다. 이제 우리는 그 병사들의 모습에 왜 감동을 받는지 자문해야 한다. 그들은 인간이기를 택했다. 그들이 드러낸 인 능력의 한복판에 자리 잡고 있었던 것은 서로에 대한 공감이었다. 인간의 능력 가운데 가장 으뜸가는 것이면서도 소홀히 다루어졌던 공감 능력은 사실 모든 인간에게서 볼 수 있는 보편적 조건이다. 공감할 수 없다는 것은 모두 핑계이고 억지이고 거짓일 뿐이다.”　< 15 ~ 1 6쪽 >

이 책의 저자는 지난 세기 동안 공감이 사람들의 의식과 사회 개발에 미치는 의미와 영향에 대한 관심이 가히 폭발적이었다고 말한다. 의료에서부터 인적 개발 관리에 이르는 전문 분야에까지 공감이 핵심 주제가 되면서 이에 대한 관심은 기하급수적으로 증가했다고 한다.

고아원에서 아이들의 양육 시에도 적절한 관심과 보호를 받고, 충분한 음식과 적절한 의료 조치와 꽤 안락한 환경에도 불구하고 아이들의 사망률은 친부모나 양부모 밑에서 자란 아이들의 평균 사망률보다 한참 높았다. 그런데 유아 양육 방식을 바꾸어 그 전에는 아이들에게 독립심을 키워 주기 위해 금지되어 왔던 아기를 보듬고 만지고 쓰다듬어 주는 스킨십과 애정을 드러내는 행위 등을 허용하자, 아이들은 생기를 찾았고, 적극적이 되었으며, 활기가 넘쳤던 것이다. 당연히 사망률도 낮아졌다. 아이들이 본능적으로 필요로 했던 것은 음식과 의료와 좋은 환경이 아니라 인간의 공감이었던 것이다.

인간들은 생존이 전부가 아님을 조금씩 깨닫게 되었다. 생존, 그 너머의 의미를 찾아서 끊임없이 자신을 넘어서고자 하고, 무엇인가를 개혁하고자 하고, 미지의 세계를 탐험하고자 하는 것이 바로 인간이라는 것이다. 하지만 세계적 차원에서 공감을 인식하게 되는 과정에 들어선 것은 매우 다행스러운 일지만 동시에 세계적 차원에서 엔트로피 증가에 따른 파괴와 손실도 또한 부인할 수 없는 우리가 직시해야 하고 풀어나가야 할 현실이라고 말한다.

이제야 우리는 우리의 모습에서 '호모 엠파티

쿠스Homo empathicus’를 찾은 것이지만, 여기에도 역설이 있다고 한다. 공감의 확장은 결국 불가피한 사회구조의 복잡화에 기여했고, 에너지의 처리량과 엔트로피가 크게 증가하게 되었다는 것이다. 그래서 그는 지금 우리들의 여정이 매우 중차대한 선택의 기로에 서 있게 되었다고 말한다.

“지금 우리는 세계적 차원에서 공감을 인식하는 과정과 세계적 차원의 엔트로피 증가에 의한 파괴가 충돌하는 인류 여정의 중대한 교차로에 서 있다. 우리의 공감의 정도가 높아가는 것은 매우 고무적인 일이지만, 엔트로피로 인한 손실도 매우 불길하다.

인간이 본래 철두철미하게 물질주의적이어서 이기적이고 실리적이며 쾌락만을 추구하는 존재라면, 공감-엔트로피의 역설을 해결할 가망은 별로 없어 보인다. 그러나 근본적으로 정에 민감하고, 우애를 갈망하고, 사교적이며, 공감을 넓히려는 성향이 인간의 본성이라면, 적어도 우리는 공감-엔트로피의 딜레마를 벗어날 수 있는 돌파구를 찾아내어 생물권에서 지속 가능한 균형을 회복할 수 있을 것이다. “ < 55쪽 >

이 책의 저자는 인류사에 감추어졌던 공감과 엔트로피의 역설을 말하기 위해 매우 폭 넓은 주제에 대해서 다룬다. 먼저 그는 인간 본성에 대해 새로운 견해를 제시한다. 기존의 철학자들의 주장에 대해서 반박하면서 말이다. 그리고 그는 생물학적 진화에 관한 감성적 해석이란 주제를 다루면서 놀이와 공감의 관계에 대해서 말한다. 인간에게 놀이는 인성 발달, 공감하는 방법에 대한 배움의 결정적 요인이라고 말한다.

“ 놀이 환경은 공감하는 법을 배울 수 있는 교실이다. 그곳에서 우리는 우리 자신을 다른 페르소나, 다른 역할, 다른 상황에 대입하여 상상력을 펼치고 저 사람이라면 이렇게 느끼고 생각하고 행동할 것이라고 생각하는 바에 따라 느끼고 생각하고 행동하려 한다. 여자아이와 사내아이가 소꿉장난이나 병원 놀이를 하고 개나 말, 엄마나 아빠, 형제 학교 선생님, 대통령이 될 때, 그 아이들이 하는 것은 바로 공감의 확장이다." < 117 ~ 118쪽 >

바로 이런 이유 때문에 놀이가 없는 공감 발달은 상상하기 어려운 것이라고 이 책의 저자는 말한다. 이러한 내용은 빙산의 일각이다. 이 책에서 다루는 내용들은 인간이 무엇인지? 인간을 움직이는 추진력이 무엇인지에 대해 그 어떤 책들보다도 더 폭 넓게 그리고 심도 있게 다루고 있다. 그래서 아마도 이 책에서 설명하고자 한다면 이 책 분량의 세 배 정도가 필요한 것처럼 느껴지는 것은 당연한 것인지도 모른다.

프로이트는 인간을 서로 파괴하고 죽이는 괴물이며, 모든 인간 활동의 원동력은 실리와 쾌락이라는 두 가지 목표라고 말한 적이 있다. 그러한 목표를 가지고 있는 인간이 수십억 명이 살아가고 있는 이 세상이 미쳐 돌아가는 것은 어쩌면 당연한 것인지도 모른다. 하지만 이 책의 저자는 인간의 본성은 그렇지 않다고 정면으로 반박한다. 인간은 본질적으로 공감적이며 이타심을 가지고 있으며, 그것은 다른 사람에 대한 우리의 공감적 배려의 가장 성숙한 표현이라는 사실에 대해 주장한다.

미쳐 돌아가는 세상에 지친 당신에게 희망과 위로를 주기 위해서 이 책을 추천하는 것은 아니다. 다만 인간의 본성이 이기적이지 않고 이타적이며 타인에 대한 공간 능력이 지금까지 인류를 이끌어 온 원동력일 수 있다는 이 책 저자의 주장에 우리 모두 함께 고민해 보고 공감해 보자는 것이다. 이 책 저자의 주장이 맞는다면 당신은 그 과정을 통해 공감하게 되어야 하고, 그로 인해 새로운 삶에 대한 의지가 생겨야 할 것이다. 이 책 저자의 주장이 옳은 것인지 아닌지 당신이 직접 확인해 볼 수 있는 절호의 찬스라고 생각한다.

이 책의 저자가 이 책에서 말한 내용 중 하나인 '우리의 의식이 변화를 겪게 되면, 우리가 자연과 관계를 맺고, 이용하는 방법 또한 변하게 되는 것' 과 마찬가지로 우리의 의식이 변해야 우리가 관계를 맺고 살아가는 이 세상과 사회에 대한 생각과 우리의 살아가는 방식도 변하게 될 것이라는 사실은 당연한 사실일 것이다. 이 책은 우리의 의식을 한순간에 바꾸어 놓고도 남을 만큼 진중한 책이다.

" 책이 없는 궁전에 사는 것보다 책이 있는 마구간에 사는 것이 낫다."

_ 서양 격언.

준비된 자만이 선택의 자유를 누릴 수 있다.

< 초이스 >

_ 엘리 골드랫 외

" 불행은 준비가 부족한 현실 속에서 일어나는 것이지. 다시 말해 불행은 아무런 준비도 없이 지낼 때 일어나는 것이란다. 하지만 현실을 과학자의 자세로 접근하기만 하면 우리는 필요한 준비를 잘할 수 있단다. 준비가 되어 있지 않으면 아무것도 할 수 없어. 생각해봐라. 준비 없는 사람이 어떻게 선택의 자유를 누릴 수 있겠니?" < 29쪽 >

우리가 세상에 지쳤다면 그것은 세상이 우리를 지치게 만든 것일 수 있다. 하지만 정반대로 우리가 그저 세상에 스스로 지쳐버렸던 것일 수도 있다. 여기서 정답은 무의미하다. 분명한 한 가지 사실은 어떤 것이 정답이 되든 상관없이 우리가 충만하고 활기찬 삶을 살아갈 수 있는 열쇠를 가지고 있는 존재는 세상이 아니라 우리 자신이라는 점이다.

이 책은 우리에게 제약 이론을 최초로 소개하여 전 세계적으로 800만 부 이상이 팔린 책인 [더 골]을 쓴 엘리 골드랫 박사가 충만하고 더 나은 삶을 살아가기 위한 삶의 지혜에 대해 조언해 주는 책이다. 이 책의 핵심 지혜는 한 마디로 과학자들의 사고법을 토대로 한 명확한 사고를 통해 기회를 만들고, 실패를 극복하고, 복잡한 현실 문제의 본질을 꿰뚫어 봄으로써 단순한 해결책을 발견하고, 의미 있는 성공을 많이 거두어 충만하고 더 나은 삶을 살게 하는 것이다.

이 책의 저자가 우리들에게 제시하는 삶의 지혜와 기술의 핵심 포인트는 '명확한 사고법' 이다. 명확한 사고를 하는 것이 우리의 삶을 좀 더 충만하게 하며, 좀 더 나은 삶을 살아갈 수 있게 해 준다고 이 책의 저자는 말한다. 그리고 명확한 생각의 핵심은 내재적 단순함이라고 말한다.

여기서 과학자의 생각법이 제시된다. 내재적 단순함은 아이작 뉴턴이 말한 것을 토대로 모든 현대 과학의 근본이 되는 개념으로 뉴턴은 '자연은 극히 단순하고 또한 스스로 조화를 이룬다.' 라고 말한 적이 있다. 극히 단순하고 스스로 조화를 이루는 자연에 대해서 우리가 관점을 다르게 보고 인식할 때 현실은 복잡한 것이 아니라 단순한 것이라는 인식을 할 수 있게 된다.

이 책의 저자는 단순함의 정의에 대해 상황이나 문제가 어떠하더라도 그 무엇을 기술하는 데 필요한 요소가 적을수록 그것은 더 단순한 것이라고 정의한다. 그래서 겉으로 드러나는 현상들이 아무리 많더라도 문제를 더 깊이 파내려 갈수록 원인들이 수렴되는 것을 확인하게 되면, 현실이 실제로는 단순하다는 결론에 도달하게 된다고 한다.

이러한 새로운 인식은 또한 모든 갈등은 해결될 수 있는 것이라는 생각으로 확장된다. 또한 어떠한 갈등도 제거 될 수 있다는 생각도 가능하게 된다. 단순할수록 모순은 존재하지 않는다는 결론에 도달 할 수 있다. 이렇게 갈등은 어쩔 수 없는 것이며, 해결이 힘든 것이고 모순은 항상 존재한다는 인식에서 벗어나는 순간 획기적인 해결책을 발견할 수 있게 된다. 그리고 그것은 의미 있는 기회의 창출로 이어지기도 한다.

재미있는 사실은 내재적 단순함을 믿을수록 자신감이 생길 수밖에 없다는 사실이다. 이것은 또한 어떤 관계에서든 조화가 가능하며 존재한다는 것을 의미하기도 한다. 그래서 내재적 단순함의 주요 내용 중 하나는 '현실은 복잡하지 않을 뿐만 아니라 조화롭기 까지 하다' 는 것이다.

남을 탓하는 것이 명확한 사고를 방해하는 걸림돌이 되는 이유가 바로 이것이다. 남을 탓하는 순간 조화가 깨어지고 조화롭지 못 한 관계로 발전해 나가기 때문이다. 명확한 사고의 핵심은 내재적 단순함이다. 내재적 단순함은 현실이 조화롭다는 사실에서 비롯된다. 남을 탓하는 것은 현실이 조화롭지 못하다는 것을 드러내는 행동이다.

이와 반대로 우리의 명확한 사고를 도와주는 것도 있다. 그것은 상대의 승리가 바로 나의 승리라는 사실이다. 상대의 승리와 나의 승리를 모두 생각하는 윈-윈 해결책은 현실이 조화롭다는 사실을 뒷받침하고 드러내는 것이기 때문에 명확한 사고를 도와준다. 내 몫이 크길 원한다면 상대방의 몫도 보장해 주어야 한다.

내재적 단순함이 핵심인 명확한 사고는 기회는 언제나 충분하다는 사실에 대해 새롭게 인식하게 도와준다. 이 책의 저자는 우리들에게 '이미 다 알고 있다' 라고 절대로 말하지 말라고 조언해 준다. 그렇게 말하는 순간 비약적으로 도약하고 성장할 수 있는 기회를 놓치게 되는 꼴이 되기 때문이라는 것이다.

" 수확 체감에 만족하는 배경에는 우리가 상황을 '잘 알고 있다' 라는 믿음이 존재한다. 따라서 아빠의 말씀대로 성과의 비약적 도약이 항상 가능하다면, '잘 알고 있다' 는 인식이 비약적 도약을 찾아내려는 우리의 노력을 가로막는 것으로 보인다. 만약 아빠가 옳다면 '우리가 안다' 는 인식은 명확하게 생각하는 걸 방해하는 분명한 걸림돌이다.

중요한 것은 '우리는 다 안다' 라고 하는

상황에서도 상당한 개선을 이룰 수 있다는 점이다. 이것의 진짜 의미는 의미 있는 성공을 이루기 위한 기회는 우리가 지금까지 기대했던 것보다 훨씬 더 많다는 것이다." < 195쪽 >

이 책의 저자는 우리들로 하여금 명확한 사고를 하기 위해 필요한 새로운 인식의 틀들을 제공해 준다. 그중에 하나가 '시장은 결코 유한하지 않다.' 는 것과 '개선의 가능성은 무한하다' 라는 것이다. 그리고 또 하나는 '결과를 바꾸려면 원인을 제거하라' 라는 것이다. 결국 이 책을 통해 우리가 명확한 사고를 할 수 있게 된다면, 기회는 우리 주위에 얼마든지 널려 있다는 사실에 대해 가장 먼저 깨닫게 되고, 알게 될 것이다.

현실에서 관찰되는 현상들에 대한 원인을 찾기 위해 명확하게 생각할 때 남을 탓하는 것과 더불어 인격 모독적 용어를 쓰는 것을 배제해야 한다고 이 책의 저자는 말한다. 사람은 모두 선하다는 토대 위에서 원인을 찾아야 진짜 원인을 찾아낼 수 있다고 그는 말한다.

이 책이 제시하는 충만한 삶을 살기 위한 명확한 사고법의 네 가지 걸림돌을 다시 정리해 보면, ' 현실은 복잡하다는 인식' '갈등은 어쩔 수 없는 것이라는 인식,' '남을 탓하는 행동' ' '우리는 다 안다' 라는 생각 '이다. 이러한 걸림돌을 잘 극복해 낼 수 있다면 우리는 사고법을 바꿈으로써 새로운 선택의 기회를 무한하게 가질 수 있게 될 것이다.

이 책은 경영과 인생에서 성공할 수 있는 최고의 비결인 명확한 사고법에 대한 책이다. 이 책을 통해 우리는 이 세상을 다르게 바라 볼 수 있는 새로운 관점과 사고를 배우게 될 것이다. 그러한 새로운 관점과 사고는 더 이상 우리로 하여금 세상에 지치지 않도록 해 줄 것이다. 이것이 이 책을 추천하는 이유이다.

우리가 어제와 다를 바 없는 삶을 오랫동안 살아왔다면 그것은 우리에게 노력이나 성실성이 부족해서가 아닐 것이다. 이 책의 주장을 토대로 한다면, 그것은 현명한 선택 전략이 없었기 때문이다.

현실이 복잡하다고만 생각하고, 모든 갈등은 제거 될 수 없다고만 생각하는 사람에게는 그런 세상이 현실이 되고, 실재가 된다. 하지만 현실은 절대로 복잡하지도 않으며, 모든 갈등은 제거될 수 있다고 생각하는 사람에게는 또한 그런 세상이 현실이 된다.

세상에 대해 새로운 관점으로 바라볼 수 있을 때 복잡한 세상이 아닌 단순한 세상으로 보일 수 있다. 그런데 그 새로운 관점이란 세상의 본질, 보이지 않는 중심을 꿰뚫어 보는 통찰력과 명확한 사고라고 할 수 있다. 또한 내재적 단순함을 확신하고 그것에 대한 확신을 가지고 세상을 바라보는 것이라고 할 수 있다.

세상이 우리에게 주는 것들은 굳어져 버린 기존

의 선택이다. 세상은 복잡하고, 사람들은 악하고, 기회는 없고, 개선의 가능성은 사라졌고, 갈등은 해결되지 않는 다는 생각을 하게 하는 선택들이다. 하지만 우리는 명확한 사고를 통해 이와 다른 선택을 할 수 있게 된다. 그것이 바로 선택을 스스로 할 수 있게 해 주는 새로운 발상이며, 과학적인 사고법인 것이다.

과학이나 물리학이라면 학을 떼는 사람도 이 책은 재미있게 읽을 수 있고, 보다 나은 삶을 위해 올바른 선택을 할 수 있게 도와주는 유익한 책이다.

욕망이 줄어들수록 행복이 커진다.

– 레프 톨스토이 –

행복한 사람은 행복을 좇지 않는다.

< 모나리자 미소의 법칙 >

_ 에드 디너 외

“ 질 높은 안녕감을 누리는 것이 곧 심리적 부다. 심리적 부는 우울하고 불안하지 않은 상태나 스쳐가는 단순한 기쁨을 넘어서는 개념이다. 심리적 부를 가졌다면 보람과 의미를 맛보고 바쁘고 즐겁게 살아가면서 자신의 삶이 훌륭하다는 체험을 하게 될 것이다. 심리적 부에는 삶에 대한 만족과 인생이 의미로 충만하다는 느낌, 흥미 있는 활동에 전념한다는 기분, 중요한 목표의 추구, 긍정적인 감정의 체험, 자신보다 큰 존재와 연결되어 있다는 영성의 느낌이 포함된다. 이런 근본적인 심리적 체험이 합해져 진정한 부를 이룬다. 심리적 부를 가진 사람은 결국 삶에서 원하는 것을 모두 가졌다고 할 수 있다. 반면에 돈 많은 부자는 심리적 부를 이루기 위한 자원들 중 단 한 가지를 가진 사람일 뿐이다." < 26쪽 >

세상에 지쳤을 때 우리는 행복할 수 없다. 그리고 행복하지 않을 때 우리는 더 쉽게 세상에 지친다. 세상은 달라지지 않는 다. 달라지지 않은 세상에 대해 우리가 행복할 때는 우리는 지치지 않는 다. 오히려 세상을 끌고 나간다. 우리가 세상에 지쳤다면 그것은 한 가지 사실을 의미한다. 그것은 우리 자신이 지금 행복하지 않다는 것이다.

그렇기 때문에 이 책을 추천해 주고자 하는 것이다. 이 책은 행복에 대해 잘 설명해 준다. 그

뿐만 아니라 행복의 비밀에 대해서도 그 어떤 책보다 더 잘 설명해 준다. 이것이 가능한 이유는 이 책의 저자가 세계 최고의 행복 권위자이기 때문이다. 이 책의 저자는 30여 년간 행복 연구의 세계적 선구자로 인정받고 있는 사람이다.

이러한 이 책의 저자는 행복은 지나친 것도 문제가 된다고 말하면서 재미있는 사회 실험을 소개한다. 뉴욕에서 지나치게 행복한 사람으로, 모든 것에 절대적으로 긍정하며, 다른 사람의 부탁에 대해 100% 들어 주는 실험을 특정 집단을 통해 실히 했던 것이다. 처음 한 달간은 매우 긍정적이었지만, 한 달이 지나자 그들은 지치기 시작했던 것이다. 그들의 시간, 에너지, 그 밖의 자원이 서서히 고갈되어 갔고, 그들은 완전히 기진맥진했던 것이다. 심지어 그들은 타인에 대한 부정적인 감정과 이용당했다는 생각까지 들었다고 한다.

지나치게 불행하면 건강에 해로울 수 있다. 이와 함께 지나치게 행복해도 건강에 해로울 수 있다고 이 책의 저자는 주장한다. 행복한 사람일수록 더 성공적이며, 더 건강하며, 더 좋은 인간관계를 맺는다는 것은 이미 잘 알려진 사실이다. 하지만 이것이 지나칠 경우 오히려 역효과가 나올 수 있다고 이 책의 저자는 주장한다.

즉 극단적으로 행복한 사람들이 매우 행복한 사람들보다 더 많이 성취하는 것이 아니라는 것이다. 1~10의 척도를 사용해 행복 설문을 작성하게 했을 때, 놀랍게도 9점이나 10점을 받은 사람보다 8점 근처의 점수를 받은 사람들이 가장 많은 성취도를 나타내는 것으로 조사 되었던 것이다. 뿐만 아니라 8점을 받은 사람들(매우 행복한 사람들)이 9점이나 10점을 받은 사람들(극단적으로 행복한 사람들)보다 친구나 이웃들에게 더 잘 한다는 것이다. 이러한 현상에 대해 이 책의 저자는 8점 정도면 행복해서 생기는 창의성과 활력으로부터 충분한 이익을 얻을 수 있으면서, 동시에 약간의 근심을 유지하기 때문에 동기부여가 지속되는 효과까지 얻게 된다고 설명한다.

쉽게 말하자면, 극도로 행복한 바보의 경우에는 그저 행복만을 느낄 뿐 미래에 대해서 무엇을 하고자 하는 동기 부여나 목표나 계획을 세우지 않기 때문에 미래의 삶의 환경에 대해서는 보장할 수 없는 것과 같다. 극도로 행복한 바보보다는 매우 행복하면서 미래까지 생각할 줄 아는 사람이 종합적으로 더 나은 삶을 살아갈 수 있게 된다는 것이다.

이와 관련하여 이 책의 저자는 매우 흥미로운 설문조사 결과도 소개했다. 1976년에 대학을 다니는 수 천 명의 학생들에게 대규모의 설문조사를 실시한 후, 20년이 지나 그들이 30대 후반이 되었을 때 그들을 찾아가서 그들의 수입을 알아보았는데, 놀랍게도 20여 년 전 어느 날 단 한 문항에 대해 작성한 대답이 나중에 수입을 예측하는 지표가 될 수 있다는 사실이 믿기지 않을 정도로 놀라운 사실이었던 것이다. 이 조사를 통해 알게 된 두 가지 사실이 있다. 첫 번째는 누구나 다 아는 사실인 행복한 사람들이 불행한 사람들보다 더 많은 돈을 번다는 사실이다. 두 번째 사실은 가장 행복했던 집단보다 두 번째로 행복했던 집단이 가장 많은 돈을 버는 집단이라는 사실이다.

이와 같은 결론에 도출하게 해 주는 연구 결과들이 적지 않은데, 그 중에 하나가 오이시 시게히로가 거대한 표본을 분석한 연구이다. 전 세계 10만 명으로부터 얻은 만족도 점수를 분석해 본 결과, 8점 전후의 점수를 받은 매우 행복한 사람들이 불행했던 사람들과 10점을 받은 극도로 행복한 사람들보다 수입이 더 많고 교육 수준도 높았다는 것이다.

우리가 이 책을 통해 얻을 수 있는 교훈은 바로 이것이다. 너무 지나친 행복, 무조건적이고 맹 목적인 행복의 추구가 아니라 현실에 토대를 둔 목표를 향해 노력하면서 얻게 되는 행복의 추구인 것이다. 행복은 장소가 아니라 과정이고, 목적지가 아니라 여행하는 방법이라는 사실을 우리는 이해해야 한다.

이 책의 저자는 모나리자가 오랫동안 전 세계인들로부터 사랑을 받는 이유에 대해 매우 재미있는 해석을 해 준다. 그것은 모나리자가 극도로 행복한 표정인 활짝 웃는 모습이 아니라, 적절한 수준의 행복한 표정을 하고 있기 때문이라는 것이다. 실제로 과학자들은 컴퓨터로 모나리자의 얼굴에 표현된 감정을 분석해 보았는데, 83퍼센트 정도 행복하며, 17퍼센트는 두려움과 분노가 혼합된 부정적인 감정을 가지고 있다고 결론을 내렸다.

결론은 완벽하게 행복한 사람들보다 행복하지만 이런 저런 문제들이나 걱정거리가 있는 사람들이 삶의 여러 영역에서 성공적이며 잘 지내고 있다는 것이다. 그러므로 당신이 완벽하게, 그리고 극도로 행복하지 않은 것은 오히려 더 좋은 일인 것이다. 이 책의 저자가 말했듯이 행복하면 기분이 좋을 뿐 아니라 성공에도 보탬이 되고, 건강하고, 장수도 한다. 하지만 우리가 명심해야 할 한 가지 사실은 이러한 행복은 반드시 노력을 요구로 한다는 것이다.

" 행복하게 지내려면 삶과 세상을 향해 긍정적인 태도를 갖고, 새로운 활동에 지속적으로 참여하는 것이 필요하다. 의미와 가치, 지원해주는 사회적 관계, 보람 있는 일로 충만한 삶이 행복한 삶을 이루는 틀이다. 그런 틀 안에서 행복에 이르는 과정은 긍정적인 태도와 사랑, 감사 등의 영적인 감정과 물질적인 넉넉함을 필요로 한다." < 357쪽 >

이 책의 저자는 혁명적이라고 생각되는 아이디어를 제시한다. 즉 행복한 사회가 성공적일 사회일 가능성이 더 높고, 행복한 개인이 성공할 가능성이 더 높다는 것이다. 그리고 궁극적으로 인생에서 가장 중요한 목표는 심리적 부를 이루는 것이라고 말한다. 심리적 부란 질 높은 행복을 누리는 것이라고 이렇게 설명한다.

"질 높은 안녕감을 누리는 것이 곧 심리적 부다. 심리적 부는 우울하고 불안하지 않은 상태나 스쳐가는 단순한 기쁨을 넘어서는 개념이다. 심리적 부를 가졌다면 보람과 의미를 맛보고 바쁘고 즐겁게 살아가면서 자신의 삶이 훌륭하다는 체험을 하게 될 것이다. 심리적 부에는 삶에 대한 만족과 인생이 의미로 충만하다는 느낌, 흥미 있는 활동에 전념한다는 기분, 중요한 목표의 추구, 긍정적인 감정의 체험, 자신보다 큰 존재와 연결되어 있다는 영성의 느낌이 포함된다. 이런 근본적인 심리적 체험이 합해져 진정한 부를 이룬다. 심리적 부를 가진 사람은 결국 삶에서 원하는 것을 모두 가졌다고 할 수 있다. 반면에 돈 많은 부자는 심리적 부를 이루기 위한 자원들 중 단 한 가지를 가진 사람일 뿐이

다.” < 26쪽 >

세상이 미쳐 돌아간다 해도, 우리가 세상에 지쳤다 해도, 우리는 행복하기 위해서는 그리고 심리적 부를 이루기 위해서는 스스로의 노력이 반드시 필요하다는 사실에 대해 알게 되었다. 이제 우리는 선택해야 한다.

에필로그 _ 책은 삶의 특권이며 최고의 사치이며 향락이다.

‘ 인생을 바꾸는 것은 재능이 아니라 독서이다. ’

빌 게이츠, 워렌 버핏, 오프라 윈프리, 스티브 잡스, 손 정의, 조지 소로스, 마오쩌둥, 존 스튜어트 밀, 세종 대왕, 나폴레옹 의 공통점은 독서가 그들의 삶을 도약시켜 놓았다는 것이다.

이들은 모두 남들보다 훨씬 더 많은 독서를 한 사람들이다. 그리고 그 결과 평범한 사람들보다 훨씬 더 많은 업적을 달성해 낸 사람들이다.

모든 성공은 자기 자신에게서 비롯된다. 그리고 그 자신은 자기가 읽은 것에 의해서 완성된다. 결국 모든 성공은 자신이 읽은 것을 통해 비롯되는 것이다.

독서를 한다는 것은 삶의 특권이다.

독서만큼 경제적인 것은 없기 때문이다. 독서만큼 쉽고 편하면서 최대의 효과를 가져다주는 것은 없기 때문이다. 독서만큼 우리에게 많은 생각의 재료를 주는 것은 없다. 독서만큼 우리의 삶을 풍요롭게 해 주고 윤택하게 해 주는 것은 없기 때문이다. 독서만큼 우리 자신을 도약하게 해 주는 것도 이 세상에는 없기 때문이다. 독서만큼 이 세상을 통찰할 수 있는 안목을 제공해 주는 것도 없기 때문이다. 독서만큼 우리에게 기쁨과 위안을 주는 것은 없기 때문이다.

누군가 만들어놓은 길을 가는 것은 쉽다. 하지

만 그 길은 망하는 길이다. 아무도 만들어 놓지 않은 새로운 길을 우리는 가야 한다. 하지만 그 길은 매우 힘들고 어렵다. 그래서 독서가 필요한 것이다. 많은 책을 통해 우리는 의식과 사고를 도약시켜야 하고, 그 결과 자신만의 새로운 길을 개척할 수 있다. 그리고 그 길은 성공하고 번영하는 길이 되는 것이다.

우리를 최고의 자리로 이끄는 것은 무조건 열심히 일하는 것이 아니다. 우리를 최고의 자리로 이끄는 것을 자신에게 가장 맞는 올바른 일을 선택하고, 그 일을 가장 현명하고 효율적으로 하는 것에서 비롯된다. 이러한 올바른 일과 올바른 방법을 발견하고 찾아내기 위해서 우리에게 필요한 것은 바로 독서이다. 독서를 통해 우리를 찾을 수 있고, 세상을 내다볼 수 있게 되기 때문이다.

독서를 한다는 것은 최고의 사치이며, 향락이다.

이 세상에서 독서만큼 우리에게 중독을 일으키는 것도 없다. 독서의 맛을 제대로 경험한 사람들은 자신의 아내를 팔아서 책을 사고, 자신의 집을 팔아서 책을 산다. 독서에 한 번 제대로 중독된 사람은 밥을 먹으면서도 책을 손에서 놓을 수 없고, 다니던 직장을 포기하고서라도 책을 읽어야만 한다. 독서에 중독된 사람들은 먹을 쌀이 없어도 돈이 생기기만 하면 밥을 사 먹는 것이 아니라 책을 산다. 이것이 바로 책의 중독성이다.

책이 이렇게 중독성이 강한 이유는 무엇일까? 그것은 바로 책은 최고의 사치이며 향락이기 때문이다. 과거에는 책을 읽을 수 있었던 신분은 왕이나 귀족이나 선비였다. 이들은 모두 선택받고 축복받은 계층이었다. 과거 한 때에는 책을 읽는 것이 금지되었고, 몇몇 특권을 부여 받은 사람만이 책을 읽을 수 있기도 했다.

많은 사람이 독서를 하지 않는 이유는 독서의 맛을 제대로 경험해 보지 못했기 때문이다. 하지만 어떤 사람이라도 독서의 맛을 제대로 한 번이라도 경험하게 되면, 그다음부터는 절대 독서의 중독에서 빠져나올 수가 없게 된다. 결국 평생 독서를 하는 삶을 살아가야 하게 되는 것이다.

필자가 백수와 전업 남편에서 작가가 될 수 있었던 것은 엄청난 양의 독서를 집중적으로 했기 때문이다. 즉 필자의 모든 경쟁력의 대부분은 3년 동안 독서에 집중적으로 투자한 노력의 결과물이라고 할 수 있다. 그래서 필자는 독서의 위력에 대해서 거의 신앙에 가까운 확신을 갖고 있다. 필자에게 새로운 인생을 열어 준 것은 다름 아닌 독서였다. 독서를 하지 않았다면 필자는 지금도 백수였을 것이고, 전업 남편으로 집안일에 매여 사는 남자였을 것이다.

독서는 삶의 최고의 특권이며, 우리가 누릴 수

있는 향락이며, 최고의 사치라고 말하는 이유가 바로 이것이다.

인생에 지쳐 길을 잃고 방황할 때 우리가 할 수 있는 최고의 선택은 또한 독서이다. 책 속에 우리의 길이 있고, 우리의 힘이 있고, 우리의 미래가 있고, 우리의 사유가 있다. 인생을 살다 보면 결정적인 순간을 맞이하게 된다. 바로 그 때 우리가 상황에 잘 들어맞는 책을 읽을 수 있다면 그것보다 더 유익한 것도 이 세상에 없을 것이다.

이 책이 많은 사람에게 유익한 지침서가 되어주는 이유 중 하나는 독서하는 방법을 제대로 알고 있는 사람들이 그렇게 많지 않다는 것이다. 평생 책을 읽었고, 심지어 책을 쓴 위대한 작가이기도 한 괴테는 이런 의미심장한 말을 남긴 적이 있다.

" 나는 독서하는 방법을 배우기 위해서 80년

이라는 세월을 바쳤는데도 아직까지 그것을 다 배웠다고 말할 수 없다."

이처럼 독서라는 것은 우리가 생각하는 것만큼 저절로 되는 것이 아니다. 특히 좋은 책은 선택하는 방법을 배우는 것은 더더욱 어려운 기술이라고 할 수 있다. 그런 점에서 이 책은 매우 유익한 책이 될 것이다.

이 책을 통해 우리는 삶의 결정적 순간을 최고의 순간으로 만들 수 있다. 이것이 이 책의 가장 큰 유익함이다. 이 책을 통해 눈부신 미래를 펼쳐 나가기를 기원한다.

판권

초판 인쇄: 2025년 12월 20일
초판 발행: 2025년 12월 20일

펴낸이: 김병완
펴낸곳: (주) 플랫폼연구소

출판등록: 제 2020-000075호

이메일: pflab2020@naver.com

주소:서울시 강남구 삼성동 116 백우빌딩 402호

ISBN 979-11-24195-27-7(03190)